D1076867

# MON
# CHIEN

—— Liz Palika ——

ÉDITIONS
MICHEL
QUINTIN

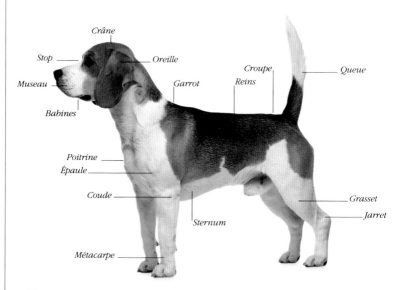

*Crâne*
*Stop*
*Oreille*
*Museau*
*Croupe*
*Reins*
*Queue*
*Garrot*
*Babines*
*Poitrine*
*Épaule*
*Coude*
*Grasset*
*Jarret*
*Sternum*
*Métacarpe*

# PRENDRE SOIN DE SON CHIEN

| Sur une échelle de 1 à 5 : | 1 | 2 | 3 | 4 | 5 |
|---|---|---|---|---|---|
| Le temps à lui consacrer | | | | | ✓ |
| Exercice à lui faire faire | | ✓ | ✓ | ✓ | |
| Jeu | | | | | ✓ |
| Espace dont il a besoin (selon la race et l'âge) | | ✓ | ✓ | ✓ | ✓ |
| Toilettage à faire (selon la race et l'âge) | | ✓ | ✓ | ✓ | ✓ |
| Nourriture à lui donner | | | ✓ | | |
| Entretien | | | ✓ | | |
| Son espérance de vie (selon la race et l'âge) | ✓ | ✓ | ✓ | | |
| Convient aux enfants de 5 à 10 ans | | | | ✓ | |
| Convient aux enfants de 10 ans et plus | | | | ✓ | |

# SOMMAIRE

# PRÉFACE

Vous comptez prendre un chien ou vous venez d'en accueillir un dans votre foyer. Félicitations! Si tout se passe bien, vous découvrirez vite que partager sa maison avec un tel compagnon est un immense bonheur.

Nous, humains, sommes une espèce bien curieuse. À la différence de la plupart des autres êtres vivants, nous éprouvons toute notre vie un besoin irrépressible d'élever, d'éduquer, besoin plus fort chez certaines personnes. Depuis plus de trente ans, je pratique la médecine vétérinaire, et j'en suis arrivé à la conclusion que les propriétaires d'animaux domestiques (ou ceux qui souhaiteraient l'être) sont des gens particulièrement attentionnés : ils ont besoin de donner de l'affection.

Nous avons également besoin de nous sentir appartenir à la nature. C'est seulement dans les derniers instants de l'évolution (depuis deux cents ans à peine) que nous nous sommes séparés d'elle pour devenir une espèce principalement urbaine ou suburbaine. Je suis convaincu qu'inconsciemment ces liens avec la nature environnante nous manquent. Nous faisons tout pour les recréer : nous installons des

plantes et des fleurs dans nos maisons, allons camper, nous promener sur les plages ou dans les parcs… et aimons la compagnie des chiens. Elle procure en effet un bonheur immense, car l'amour et l'affection sont réciproques.

Ce sont là de curieuses explications pour comprendre pourquoi nous apprécions la compagnie des chiens, mais il en existe de plus pratiques. Tous les chiens ne sont pas utilisés pour le travail, mais cela arrive encore : certains rassemblent le bétail, tirent des traîneaux ou accompagnent les chasseurs. D'autres servent à retrouver des gens enfouis sous des décombres, recherchent de la drogue ou des explosifs. Beaucoup de chiens assistent les personnes non-voyantes, malentendantes ou handicapées. D'autres encore offrent leur affection dans un contexte thérapeutique, parvenant à susciter des réactions chez des personnes autistes ou atteintes de la maladie d'Alzheimer, avec lesquelles personne ne parvenait plus à communiquer.

Ce que j'aime avant tout chez les chiens, c'est leur franchise inébranlable. Amour, haine, dépendance, exaltation, tristesse : ils expriment librement et franchement toutes leurs émotions.

Les chiens égaient notre vie. Ils flattent notre ego, mais nous rappellent en même temps qui nous sommes. Ils savent toujours lorsque nous faisons semblant. En retour, nous nous devons de traiter les chiens comme tels : ce sont à l'origine des animaux sauvages devenus dociles, et c'est un aspect qu'il ne faut pas perdre de vue.

Nous devons prendre en compte les besoins émotionnels et physiques des chiens. Nous leur demandons de vivre dans un environnement humain, souvent confiné et surpeuplé, plein de défis et de dangers, et de renoncer à leurs instincts naturels. Notre devoir est de leur apprendre et de leur donner les moyens de vivre dans ce monde. Prendre tout de suite un bon départ avec son chien est donc essentiel. Ce petit livre vous aidera à établir une relation gratifiante et pleine d'affection avec votre chien.

Bruce Fogle, docteur vétérinaire

# LA DOMESTICATION DU CHIEN

*Nos chiens domestiques ont de nombreux comportements communs avec leurs ancêtres loups.*

Les scientifiques ne sont pas d'accord sur l'époque à laquelle les chiens sont devenus des animaux de compagnie. Les archéologues ont découvert des restes humains et canins dans de nombreux sites à travers le monde. On a longtemps cru que les ancêtres des chiens avaient été domestiqués il y a 35 000 ans. Les archéologues ont depuis trouvé des preuves qui font remonter cette domestication à 135 000 ans. Quelle belle et longue histoire les hommes et les chiens ont construit ensemble!

Les spécialistes ne s'accordent pas non plus sur les raisons qui ont poussé les loups, ancêtres de nos chiens, et les hommes à unir leurs forces. Les loups sont en effet des prédateurs et, seuls ou en meute, représentaient une menace sérieuse pour les premiers humains. Cependant, ce sont des chasseurs hors pair, et les hommes ont peut-être trouvé le moyen de tirer avantage de cette aptitude. Les loups ont probablement aussi servi de «système d'alarme» primitif en aboyant à l'approche d'un intrus ou d'un prédateur! En retour, ils étaient nourris, choyés et protégés des intempéries.

Avec la domestication, le rôle des chiens s'est diversifié. La capacité du loup à débusquer une proie a été transmise à ses descendants qui sont devenus des chiens de chasse. Les chiens de berger ont transformé leur aptitude de chasseur en instinct à rassembler et encercler les animaux à sabots, ancêtres des bovins et ovins actuels. D'autres chiens ont appris à lever puis rapporter le gibier qui a été abattu par l'homme. C'est en sélectionnant les chiens qui possédaient les aptitudes requises pour une tâche spécifique, ainsi que les caractéristiques physiques désirées, que différentes races sont apparues.

## APTITUDES SOCIALES

Les loups vivent en groupes sociaux, appelés meutes. Chaque loup occupe une place spécifique dans la hiérarchie de la meute. On y trouve généralement un mâle dominant (souvent appelé «mâle alpha»), une femelle dominante («femelle alpha»), un ou deux autres adultes, un ou deux jeunes, et les louveteaux de l'année. Les règles sociales acceptées par tous régissent le comportement de chaque loup de la meute. Ainsi, seul le couple alpha se reproduit, et les autres loups s'occupent des louveteaux. Ces règles assurent la cohésion de la meute.

De nos jours, les chiens sont capables de cohabiter avec les hommes car ces règles sont toujours respectées. Même si nous ne vivons pas en meutes, nos familles sont souvent dirigées par un ou deux adultes, avec un ou deux adolescents et parfois quelques enfants plus jeunes. Certaines des règles qui régissent la famille et la meute sont similaires. Ainsi, ce sont souvent les adultes qui définissent les règles de comportement et qui nourrissent les jeunes, et ceux-ci quittent leurs parents une fois adultes. Il est rassurant pour un chien de retrouver ces règles qu'il connaît déjà d'instinct.

Cependant, les hommes ne sont pas des loups. Les repas dans une meute sont plus ritualisés : les dominants mangent avant les dominés, et un ou deux adultes rapportent de la nourriture à la tanière pour les louveteaux. Chez les humains, les règles du repas sont plus erratiques et ne peuvent être comprises par le chien. Ces différences peuvent parfois entraîner chez lui une certaine confusion, mais qui disparaîtra vite. Il suffit pour cela d'établir une solide relation avec son chien et de savoir ce qu'il lui faut pour être heureux et confiant. En retour, il enrichira votre vie. Un chien ne devient cependant pas un idéal compagnon de lui-même. C'est à vous d'en faire votre meilleur ami. Apprendre à connaître ses ancêtres vous aidera à mieux comprendre votre chien.

# LE MATÉRIEL

Avant d'accueillir votre chien, il faut vous procurer tout le matériel nécessaire pour bien vous occuper de lui.

## LAISSE ET COLLIER
Si vous connaissez déjà la taille de votre futur chien, vous pouvez acheter une laisse et un collier. La laisse peut être en nylon ou en cuir, de 1,5 à 2 mètres de long, avec une boucle pour attacher au collier et une poignée pour la tenir. Prenez un collier en nylon ou en cuir qui se retire facilement, et suffisamment large pour le cou de votre chien.

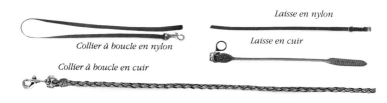

*Laisse en nylon*

*Collier à boucle en nylon*

*Laisse en cuir*

*Collier à boucle en cuir*

## ÉCUELLES D'EAU ET DE NOURRITURE
Elles doivent être faciles à nettoyer et assez grandes pour contenir la ration d'eau et de nourriture de votre chien. Pour les chiens qui aiment un peu trop jouer avec leur écuelle, il en existe avec un fond lesté.

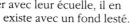

## LES PAPIERS
Avant d'acheter votre futur compagnon, assurez-vous qu'il est en règle. La personne qui vous le vend doit pouvoir vous remettre les documents obligatoires suivants : la carte de tatouage, le carnet de santé, l'attestation de vente, un document d'information sur sa race et son certificat de naissance, s'il est de pure race.

## TOILETTAGE

Ce matériel dépendra du type de poil de votre chien. Pour un chien à poil ras (dobermann ou boxer), il faut une brosse à soies souples et éventuellement un peigne spécial pour les puces. Pour une race à poil long, qui s'emmêle beaucoup (chow-chow ou bichon frisé), vous aurez besoin de plusieurs brosses et peignes différents. Pour un chien à poil mi-long (épagneul breton ou cocker), il faut une brosse à poils durs, une brosse à démêler et un peigne. Pour tous les chiens, un coupe-griffes est indispensable ainsi qu'un traitement contre les puces et les tiques. Un toiletteur, un vétérinaire ou un éleveur sauront vous conseiller selon la race de votre chien.

*Peigne en métal*

*Brosse à poils durs*

*Brosse à démêler*

## LA CAGE DE TRANSPORT

La cage de transport peut aussi être très utile pour l'éducation. Elle sert de couche et de refuge à votre chien. Les cages de transport existent en métal ou en plastique dur. Demandez à voir les différents modèles pour mieux choisir. Elle doit être assez grande pour que votre chien (adulte) puisse se lever, se retourner et se coucher facilement.

## EN SAVOIR PLUS

Même s'il est notre compagnon depuis des milliers d'années, il n'est pas toujours facile de posséder un chien. Mais on peut s'informer : vous trouverez des livres et des vidéos pour vous aider dans les librairies, bibliothèques ou magasins spécialisés. Choisissez un livre sur la race de votre chien, et un ou deux autres sur les soins et l'éducation. Vous pouvez aussi demander conseil aux professionnels : éleveur, vétérinaire, toiletteur ou éducateur canin sauront vous aider.

# JOUER EN TOUTE SÉCURITÉ

En grandissant, beaucoup d'adultes oublient comment on joue. Mais les chiens sont là pour le leur rappeler car, eux, adorent le jeu. La relation que vous établirez avec votre chien dépendra du temps que vous lui consacrerez. À chaque fois que vous lancez une balle à votre chien, que vous jouez à cache-cache dans la maison, ou que vous allez courir ensemble dans les bois, vous renforcez ce lien unique et merveilleux qui vous unit l'un à l'autre.

Les jouets pour chiens doivent être solides et sans danger. Évitez les bords coupants ou les petites pièces qui pourraient être avalées. Il faut qu'ils soient assez résistants pour être mordillés sans risque. La taille du jouet doit être adaptée à votre chien : assez petit pour qu'il puisse jouer avec, mais assez gros pour ne pas être avalé. Voici quelques exemples.

## BALLES DE TENNIS
On pourrait croire que ces balles ont été fabriquées non pas pour jouer au tennis mais pour faire un jouet idéal pour les chiens : elles sont faciles à lancer et rebondissent parfaitement. La plupart des chiens les adorent. Éliminez toute balle abîmée pour éviter que votre chien n'en avale un morceau.

## AUTRES BALLES
N'utilisez que des balles sans risque pour votre chien. Ne jouez pas avec des balles de golf (trop dures et trop petites) ou un ballon de foot (trop gros), ou des volants de badminton (les dents peuvent se coincer dans les trous, et ils s'abîment très vite). La balle doit être assez petite pour que le chien la saisisse facilement, et assez grosse pour qu'il ne puisse pas s'étouffer avec ou l'avaler.

## JOUETS À MORDILLER
La plupart des chiens peuvent mordiller sans risque les os en cuir à mâcher vendus dans le commerce,

mais surveillez quand même le vôtre lorsqu'il le fait. En effet, certains chiens trop gourmands pourraient s'étouffer en tentant de les avaler. Les os en caoutchouc dur ou en nylon, destinés à être mâchés, sont généralement sans danger. Attention, ne donnez jamais à votre chien les os de votre repas ; il pourrait s'étouffer !

*Os à mordiller*

## JOUETS KONG

Le jouet kong est en caoutchouc dur et constitué de trois boules de taille différente comprimées ensemble. Ce type de jouets, qui rebondit dans tous les sens quand on le lance, fait un excellent jeu d'adresse. Il est souvent creux et vous pouvez le remplir de crème de fromage, de beurre de cacahuète ou de toute autre friandise, ce qui occupera votre chien sans risque pendant un bon moment.

*Jouet kong*

## JOUETS INTERACTIFS

Ce cube en plastique est également creux. Il y a un trou sur l'une des faces qui permet de le remplir de croquettes ou d'autres friandises. Vous pouvez choisir de faire sortir les friandises une à une, ou plusieurs à la fois. En faisant rouler le cube et en le reniflant, le chien les fait sortir. Il comprendra vite ce jeu. Ces jouets permettent également de l'occuper un bon moment.

*Cube interactif*

*Jouet en nylon*

## JOUETS QUI COUINENT

Votre chien, s'il n'est pas trop destructeur, adorera ce type de jouet mou. Certains chiens prennent un réel plaisir à jouer avec et à les faire couiner. D'autres chercheront immédiatement à faire cesser ce couinement et détruiront le jouet. Sans parler du désordre, cela pourrait être dangereux pour le chien s'il en avalait un morceau.

## JOUETS EN CORDE

Ils sont idéaux pour faire jouer deux chiens ensemble, ou pour apprendre à un chien à rapporter. Cependant, ne jouez jamais à tirer chacun à un bout de la corde, car votre chien apprendrait à utiliser sa force contre vous, et il vaut mieux éviter cela. Soyez vigilant avec ce type de jouets si votre chien aime déchiqueter les objets ; veillez à ce qu'il n'avale pas les fibres qu'il aurait arrachées.

*Jouet en corde*

# LA SÉCURITÉ DE VOTRE CHIEN

Dès l'arrivée de votre nouveau chien chez vous, que ce soit un chiot ou un adulte, vous devez lui enseigner les règles à respecter dans la maison et le jardin. L'une des plus importantes est qu'il sache ce qu'il a le droit d'utiliser pour jouer ou mordiller, et ce qui lui est interdit. Veillez à protéger tout ce qu'il pourrait abîmer dans la maison ou le jardin avant son arrivée. Supprimez aussi tous les objets avec lesquels il pourrait se blesser en jouant ou en explorant.

Dans la cuisine, mettez tous les produits chimiques ou dangereux hors de sa portée. Faites de même dans la salle de bains, sans oublier les médicaments, vitamines, lotions, crèmes, savons, shampooings, rasoirs, et tout ce qui peut présenter un risque. Dans les autres pièces, mettez en sécurité (au moins temporairement) tous les objets de valeur. Vous les replacerez une fois que votre chien aura grandi et sera bien éduqué. Vérifiez que tous les fils électriques ou de téléphone sont bien dissimulés. N'hésitez pas à faire le tour de la maison à genoux pour observer les choses comme les verra votre chien : y a-t-il un objet qui pourrait lui donner envie de jouer avec, de le mordiller, et qui présente un risque?

*La cuisine présente de multiples dangers pour un chien. Veillez bien à ce que tous les produits dangereux, les objets coupants ou brûlants soient toujours hors de sa portée.*

**UN ENCLOS POUR VOTRE CHIEN**

Si vous avez un jardin et qu'il soit impossible de tout y protéger, vous pouvez toujours bâtir un enclos pour votre chien. Ce sera son domaine ; il pourra y jouer, courir et dormir. Vous pouvez aussi lui apprendre à y faire ses besoins pour éviter qu'il ne salisse votre pelouse.

• Votre chien ne doit cependant pas toujours rester enfermé dans l'enclos : il a aussi besoin de vous. Mais lorsque vous serez absent ou ne pourrez pas le surveiller, il y sera bien.

• L'enclos doit être assez long pour qu'il puisse y courir et assez large pour qu'il puisse y jouer. Pour un chien de taille moyenne, comptez au moins 6 mètres sur 2,50 m. Plus petit serait trop juste.

• L'enclos doit être solide, avec toujours une partie à l'ombre d'un arbre ou d'une plaque de tôle. Donnez-lui ses jouets, de l'eau, et un abri contre la pluie. Vous pouvez même diffuser une musique douce depuis une fenêtre voisine.

Veillez à boucher d'éventuels trous dans la clôture de votre jardin. Assurez-vous que le portail ferme correctement et que votre chien ne pourra pas se sauver. Retirez tous les outils de jardin, les jouets d'enfants et tout ce qui pourrait être avalé ou mordillé. Enfermez à clé tous les engrais, insecticides, pesticides et herbicides.

Si votre chien doit avoir accès au garage, vérifiez qu'il n'y a aucun risque. Placez en hauteur ou dans un placard les outils électriques, peintures, lessives, détergents et autres produits chimiques. Si vous stockez des cartons dans votre garage, veillez à ce que votre chien ne puisse les atteindre pour y fouiller.

Lorsque vous protégez tout ce que votre chien pourrait endommager chez vous, pensez qu'il ne peut pas percevoir tous les dangers. Il ne se doute pas qu'un engrais ou un antigel peut le tuer, ou que les enfants seront fâchés s'il a déchiqueté un de leurs jouets. Un chien mordille par jeu, pour se faire les crocs ou simplement pour passer un moment : veillez donc à ce qu'il puisse le faire en toute sécurité.

# L'ARRIVÉE À LA MAISON

Le jour où votre nouveau chien arrivera chez vous, arrangez-vous pour avoir du temps à lui consacrer. L'idéal est de l'accueillir un vendredi pour pouvoir passer tout le week-end avec lui et l'aider à s'habituer à son nouveau domicile et aux membres de la famille. Ne le déposez pas chez vous pour repartir aussitôt. Il risque d'avoir peur, de paniquer, de causer des dégâts dans la maison ou le jardin, voire de se blesser. Arrangez-vous pour ne pas avoir à quitter la maison le temps que votre chien se familiarise avec son nouvel environnement.

Emportez la laisse et le collier lorsque vous irez chercher votre chien. Gardez-le en laisse dès qu'il vous est remis : souvenez-vous qu'il ne vous connaît pas encore. S'il s'enfuyait, vous pourriez avoir beaucoup de mal à le faire revenir. La laisse est la garantie de sa sécurité. Si vous possédez déjà une cage et qu'elle tient dans votre voiture, placez-y le

*Pour la sécurité de votre chien et pour la vôtre, vous aurez besoin d'une cage pour le ramener chez vous.*

chien pour le ramener chez vous. Cela lui évitera d'être secoué dans tous les sens. Si la cage est trop grande, demandez à quelqu'un de vous accompagner. Avec la laisse et le collier, elle veillera à ce que votre chien reste calme pendant que vous conduisez. Dites à votre chien, d'une voix calme et douce (mais ferme), qu'il doit rester tranquille dans la voiture et ne pas déranger le conducteur.

Lorsque vous arrivez chez vous, évitez que toute la famille se précipite sur lui. Laissez-le faire connaissance tour à tour avec chacun. Vous pourrez tous avoir quelques croquettes ou friandises dans la main que vous tendrez au chien lorsqu'il viendra à vous. Évitez pour le moment les jeux trop brutaux : vous pourriez l'effrayer ou lui faire croire qu'il doit se mesurer à vous. Veillez à ce que son nouvel environnement soit calme et rassurant.

### Préparer les enfants

Expliquez bien à vos enfants qu'ils doivent être doux avec leur nouveau compagnon. Il est notamment interdit de lui tirer la queue, les oreilles ou les moustaches! Ils doivent aussi savoir que s'ils se mettent à courir le chien les poursuivra ; mais, s'il se prend trop au jeu, il pourrait leur sauter dessus, et même les mordre dans son excitation. Les enfants doivent aussi éviter de crier trop fort, ce qui pourrait aussi énerver le chien.

Laissez votre chien ou votre chiot découvrir à son rythme son nouveau domicile. N'hésitez cependant pas à lui en indiquer les limites. Restez dans la même pièce que lui ; vous pourrez ainsi le sortir s'il a envie de faire ses besoins ou l'empêcher de mordiller quelque chose qui n'est pas un jouet.

# PRENDRE CONTACT AVEC LA CAGE

Une cage est un bon outil pour l'éducation d'un chien, et peut aussi lui servir de coin pour dormir. En restant dans sa cage la nuit ou pour de courtes périodes pendant la journée, le temps qu'il soit éduqué, votre chien apprendra à suivre son instinct naturel, à garder sa couche propre et à contrôler sa vessie et ses intestins. Même les jeunes chiots quittent leur couche pour aller faire leurs besoins dès qu'ils sont capables de marcher. En y laissant votre chien, vous lui évitez aussi de prendre de mauvaises habitudes. S'il est dans sa cage, il ne risque pas d'abîmer vos meubles ou vos chaussures lorsque vous n'êtes pas là. Vous trouverez plus de détails sur l'utilisation de la cage dans les pages suivantes, mais, tout d'abord, votre chien doit se familiariser avec elle.

Dès son arrivée chez vous, installez-le dans sa cage pour la première nuit. Il est conseillé de la mettre dans une pièce carrelée, facile d'entretien, comme la cuisine. Sa première journée chez vous touche à sa fin : voici l'heure de la première séparation. Ce moment est très difficile, mais il ne faut absolument pas céder : votre chien doit dormir dans une autre pièce que vous, porte fermée. Il y a de fortes chances pour qu'il pleure, gémisse, gratte, mais si vous «craquez» ce premier soir, il recommencera le lendemain et le jour d'après, le suivant etc. et, petit à petit, vous le retrouverez dans votre lit! Quoi qu'il vous en coûte, bouchez-vous les oreilles et allez vous coucher.

Une fois la cage en place, ouvrez grand la porte afin qu'elle ne se referme pas accidentellement. Lancez-y un jouet, une balle ou une friandise et encouragez votre chien à pénétrer à l'intérieur. S'il obéit, félicitez-le par un : «Bravo, bon chien!» Dès qu'il y entrera sans difficulté, donnez-lui un nouvel ordre : «Au panier!» Et félicitez-le lorsqu'il se couchera : «C'est bien, bon chien!» Refaites cela trois ou quatre fois de suite, puis arrêtez. Recommencez après une heure ou deux.

L'étape suivante consiste à l'habituer à voir la porte de la cage se refermer. Dites-lui d'aller s'y coucher et lancez-y une friandise. Fermez la porte tout en le félicitant. S'il est calme et détendu, laissez-le dormir un peu ou laissez passer quinze minutes avant de le faire ressortir. S'il se met en colère, aboie, ou gémit, ne le laissez surtout pas sortir! Si vous le laissiez sortir en pleine colère, vous le récompenseriez en effet

pour un mauvais comportement. Attendez qu'il se calme avant de le faire sortir. Refaites cela deux ou trois fois au cours de la première journée.

À l'heure du coucher, amenez votre chien dans la pièce où il doit dormir et dites-lui d'aller se coucher en lançant une friandise dans sa cage. Félicitez-le quand il y sera rentré et fermez la porte. Allez vous coucher à votre tour et éteignez la lumière. Si votre chien s'agite, c'est peut-être parce qu'il n'est pas encore habitué à cette nouvelle situation ou parce qu'il a besoin de sortir se soulager. Si tel est le cas, il continuera à s'agiter et se fera de plus en plus pressant. Il faudra alors que vous le fassiez sortir.

*Lorsque votre chien pénètre dans la cage, félicitez-le de son obéissance !*

Continuez à utiliser des friandises pour inciter votre chien à aller dans sa cage pendant plusieurs semaines, afin qu'il la considère comme un endroit agréable et non comme une prison.

Votre chien pourra aller dans sa cage la nuit pour y dormir et pour de courtes périodes en journée. Évitez de l'y laisser plus de trois heures de suite en journée car il a besoin de bouger, de jouer et de se dépenser. S'il est trop souvent enfermé, il pourrait se mettre à la détester et ne plus vouloir y aller.

*Ne le laissez pas enfermé trop longtemps car il manquerait d'exercice.*

# L'APPRENTISSAGE DE LA PROPRETÉ

Apprendre au chien à accepter sa cage est la première étape de l'éducation. Lui apprendre à contrôler sa vessie et ses intestins pour ne pas salir son couchage est aussi une étape essentielle de l'apprentissage d'un chiot, ou d'un chien adulte adopté, qui aurait besoin de quelques rappels sur la propreté. Il est important de lui apprendre où il peut aller se soulager, ainsi qu'un ordre qui lui dit de le faire.

Faites sortir votre chien et amenez-le à l'endroit désiré, dans un coin du jardin ou un endroit discret. Soyez calme, ne cherchez pas à le distraire ou à jouer, laissez-le renifler. Lorsqu'il commence à se soulager, dites-lui doucement, pour ne pas l'interrompre, « Vas-y, mon chien ! », ou tout autre ordre. Lorsqu'il a terminé, félicitez-le. Amenez-le à cet endroit à chaque fois qu'il le demandera, ou aussi souvent que vous le pourrez, pendant plusieurs semaines. Il voudra se soulager au réveil, quelque temps après avoir bu ou mangé, et après avoir joué. Si vous avez un jeune chiot, il faudra le sortir toutes les deux ou trois heures. Si vous avez adopté un chien qui n'avait pas appris à être propre, sortez-le à la même fréquence qu'un chiot. Si, au contraire, il était déjà propre dans son ancien foyer, essayez de le faire sortir à ses heures habituelles, au moins au début. Il finira par s'habituer à sa nouvelle routine.

Accompagner votre chien vous permet de vérifier qu'il s'est effectivement soulagé : vous saurez si vous pouvez le ramener dans la maison sans risques. Si vous ne sortez pas avec lui, vous ne saurez pas ce qu'il a fait ou n'a pas fait. Juste après être sorti, si votre chien s'oublie dans la maison, c'est que vous ne l'avez pas surveillé. Lorsque vous l'accompagnez dehors, cela vous permet aussi de le féliciter. Il est récompensé d'avoir répondu à l'ordre : «Vas-y, mon chien!» et d'avoir choisi le bon endroit. N'oubliez pas de le féliciter chaque fois qu'il fait quelque chose correctement.

À mesure que votre chien grandit et devient obéissant, utilisez l'ordre «Vas-y, mon chien!» lorsque vous le promenez dehors, pour qu'il comprenne qu'il peut se soulager ailleurs que dans le jardin. Cet ordre vous sera très utile. Lorsque vous devrez sortir votre chien sous la pluie ou par grand froid, vous saurez qu'il obéira à l'ordre sans vous faire attendre trop longtemps. Quand vous rendrez visite à quelqu'un, vous pourrez lui demander de se soulager avant d'entrer. De même, au cours d'un long trajet en voiture, il attendra que vous vous arrêtiez au bord de la route.

# LES « ACCIDENTS »

Si votre chien s'oublie dans la maison, c'est probablement de votre faute. Vous ne l'avez pas assez sorti, vous n'avez pas réussi à interpréter son «langage» (il tourne en rond et renifle quand il doit se soulager), vous ne l'avez pas sorti à heures régulières, ou vous ne l'avez pas surveillé. Votre chien doit pouvoir se soulager très régulièrement. De plus, lorsqu'il est jeune, il a du mal à contrôler ces fonctions physiques. C'est à vous de veiller à ce qu'il se soulage là où vous voulez qu'il le fasse et à chaque fois qu'il en a besoin.

Si, malgré tout, votre chien s'oublie, faites-lui comprendre que ce n'est pas bien, mais si, et seulement si, vous l'attrapez sur le fait. Dites-lui quelque chose comme : «Vilain chien!», puis sortez-le pour l'amener là où il aurait dû faire. Mais si vous trouvez ses besoins dans la maison

*Lorsque vous n'êtes pas là pour surveiller votre chien, mettez-le dans sa cage, où il sera en sécurité. Mais ne l'y laissez pas trop longtemps.*

après qu'il se soit soulagé, il est trop tard pour le réprimander. Un chien puni après coup semble penser que c'est parce qu'il a uriné ou déféqué qu'il est puni. Or il faut bien qu'il se soulage. C'est l'endroit où il a fait, et non l'acte en lui-même, qui est répréhensible. Aussi, si votre chien s'oublie régulièrement, essayez de le faire sortir plus souvent, restez avec lui, félicitez-le, et surveillez-le quand il est dans la maison. Si vous êtes trop occupé, envoyez-le dans sa cage ou dehors.

Il faut du temps avant qu'un chien devienne propre. Pour les jeunes chiots, il faut compter au minimum deux ou trois mois. Si votre chien ne s'est pas oublié dans la maison depuis plusieurs semaines, c'est que vous avez fait ce qu'il fallait! Mais, même s'il n'y a eu aucun accident, n'imaginez pas que votre chien est totalement fiable; il est encore trop tôt. Laissez-le mûrir, mentalement et physiquement.

*Prenez le temps de le faire sortir souvent.*
*En outre, il se contrôlera d'autant mieux que ses activités (repas, exercice, toilette) ont lieu à heures fixes.*

# UNE ALIMENTATION ÉQUILIBRÉE

Les scientifiques classent les chiens parmi les carnivores, tout comme leurs cousins sauvages et ancêtres, les loups. En réalité, les chiens et les loups sont omnivores. Les carnivores ne se nourrissent que de viande tandis que les omnivores mangent à peu près tout. Chiens et loups sont très opportunistes et mangent tout ce qu'ils peuvent trouver. Ainsi, il n'est pas rare de voir un chien goûter tout ce qui pousse dans le jardin. La plupart des chiens aiment les fraises, tomates, melons, avocats, haricots et bien d'autres choses. Ils n'hésitent pas non plus à fouiller les poubelles pour manger des restes, qui sont pour le chien des trésors! Mais si votre chien mange des choses très diverses, cela ne signifie pas que tout est bon pour lui.

Pour être équilibrée, l'alimentation du chien doit comporter plusieurs éléments essentiels. Si certains de ces éléments viennent à manquer, sa santé en souffrira.

Les aliments pour chiens vendus dans le commerce et étiquetés «équilibré et complet» contiennent tous les éléments indispensables à une bonne santé. Cependant, tous les aliments ne se valent pas. Lisez très attentivement l'étiquette sur l'emballage pour en vérifier la teneur en protéines, en graisse et en féculents. Regardez la liste des ingrédients : dans quel ordre apparaissent-ils? La viande figure en premier.

**LES ÉTIQUETTES PEUVENT ÊTRE TROMPEUSES!**
Prenez un aliment pour chiens qui porte l'étiquette «Riz et agneau». Vous pourriez penser que le riz et l'agneau sont les deux seuls ingrédients, ce qui devrait être le cas. Mais ça ne l'est pas. Il peut y en avoir d'autres, notamment d'autres viandes, ou d'autres céréales, par exemple du blé ou du maïs. Un aliment pour chiens n'est rarement composé de deux seuls ingrédients. Lisez attentivement les étiquettes, surtout si votre chien a une allergie alimentaire et qu'il doive éviter certains aliments, ou s'il suit un régime spécifique.

○ **Les vitamines** sont des composants organiques indispensables à la vie. Elles agissent sur le métabolisme de l'alimentation, de la croissance, de la reproduction et sur de nombreux autres processus physiologiques.

○ **Les sels minéraux** sont des composants inorganiques aussi indispensables que les vitamines. Ils agissent avec d'autres sels minéraux, vitamines ou composants, comme les acides aminés ou les enzymes.

○ **Les acides aminés** sont des composants indispensables à la croissance, à la cicatrisation et à beaucoup d'autres fonctions corporelles. On les trouve dans les protéines ; ils contribuent à leur assimilation par l'organisme.

○ **Les protides** peuvent être complets ou incomplets. Les premiers contiennent tous les acides aminés indispensables à une bonne santé ; on les trouve dans les œufs, la viande rouge, le poisson ou les laitages. Les protides incomplets, issus des végétaux, sont sains mais ne contiennent pas tous les acides aminés nécessaires.

○ **Les enzymes** sont des éléments formés de protéines présents dans toutes les cellules du corps. Elles participent à des réactions biochimiques qui agissent sur l'ensemble du métabolisme. La plupart des enzymes s'associe à une coenzyme, souvent une vitamine, pour entraîner les réactions chimiques vitales.

○ **Les lipides**, qui constituent les graisses, participent à l'assimilation de certaines vitamines, comme la vitamine D, E ou K. Ils sont aussi une source d'énergie.

○ **Les féculents** sont des sucres lents ou rapides. Le corps les utilise comme un carburant. Les féculents complexes (céréales, riz, pommes de terre et pâtes) sont composés de molécules de glucose (sucre) très complexes.

Cela suffit : après tout, votre chien est avant tout carnivore. Vous trouverez sur les emballages un numéro où vous pourrez contacter un représentant de la marque. N'hésitez pas à lui poser vos questions.

Lorsque vous achetez la nourriture pour votre chien, sachez que la qualité dépend souvent du prix. Les aliments peu chers contiennent probablement des morceaux de viande, des céréales et des additifs de moins bonne qualité. Les ingrédients utilisés pour les aliments plus onéreux sont généralement de meilleure qualité. Quelle importance pour son chien ? Tout d'abord sa santé. Un chien dont l'alimentation est moins riche est plus sujet à la malnutrition, même s'il mange beaucoup. Les économies réalisées sur sa nourriture risquent, plus tard, de servir à payer les notes du vétérinaire ! Les chiens nourris avec des aliments de qualité mangent moins que les autres. En effet, les aliments de qualité contiennent des nutriments qui sont assimilés plus facilement. Méfiez-vous donc des bonnes affaires dans ce domaine !

# DES ALIMENTS VARIÉS

Les aliments pour chiens existent sous de multiples formes. La plus courante est la croquette, généralement à base de céréales, avec de la viande et d'autres ingrédients. Les aliments secs sont peu chers, se conservent bien et sont généralement appréciés des chiens. La mastication que

*Aliments en conserve*

*Aliments semi-humides*

*Repas associant aliments secs et en conserve*

nécessitent ces croquettes dures contribue à une bonne hygiène dentaire du chien.

Les conserves pour chiens sont à base de viande, mais peuvent contenir d'autres ingrédients. Tous les chiens les aiment (en raison de leur texture et de leur haute teneur en viande), même les plus difficiles. Leur taux d'humidité est très élevé, avec souvent plus de quatre-vingts pour cent d'eau. Les conserves sont plus chères que les aliments secs, et pas toujours mieux équilibrées. Ainsi, un régime alimentaire avec trop de conserves peut contribuer à une accumulation de tartre sur les dents du chien.

Les aliments semi-humides ont un taux d'humidité plus élevé que les croquettes, mais moins que les aliments en conserve. Ils contiennent généralement beaucoup de sucre et/ou de sel ; mieux vaut ne pas en abuser.

Une alimentation à base de croquettes, avec quelques conserves de temps à autre, est un bon choix. Le coût sera raisonnable et votre chien appréciera ses repas.

## OÙ, QUAND ET COMBIEN ?

En général, il faut nourrir les chiots deux fois par jour, matin et soir. Dès l'âge de six ou sept mois, le chien affiche généralement une préférence pour l'un des repas. Vous pouvez alors augmenter la ration de celui-ci et diminuer l'autre. La plupart des chiens adultes mangent un repas copieux par jour (le matin, par exemple) et un plus petit soir. Un chien nourri une seule fois par jour risque d'avoir faim et d'essayer de voler de la nourriture dans la cuisine ou les poubelles. La plupart des vétérinaires recommandent deux repas par jour.

Votre chien doit pouvoir manger au calme, sans être dérangé. Évitez les va-et-vient autour de lui : il pourrait sentir son repas menacé et commencer, pour le protéger, à grogner et même à mordre. D'autres, distraits par l'activité autour d'eux, mangent moins bien. Trouvez-lui un endroit tranquille, où il pourra manger détendu.

La quantité de nourriture dépend de plusieurs facteurs : âge, taille, race et activité physique. Un jeune chiot d'une race de grande taille qui grandit vite mangera plus qu'un chien adulte de taille moyenne. Inversement, un petit chien vif et très actif, comme le yorkshire, mangera (proportionnellement) plus qu'un chien énorme, mais placide et débonnaire, comme le dogue allemand. Lisez les recommandations sur les emballages pour connaître la ration quotidienne nécessaire à votre chien. Pour commencer, donnez-lui la quantité conseillée, puis adaptez-la en fonction du résultat : si votre chien prend trop de poids, diminuez-la ; s'il en perd (mais qu'il ne devrait pas), augmentez-la. Observez votre chien et adaptez la quantité de nourriture en fonction de sa santé, de son poids, et de son activité physique. Tout vétérinaire saura vous conseiller dans ce domaine.

# LE CHIEN PEUT-IL PARTAGER NOTRE ALIMENTATION ?

En général, il faut donner aux chiens des aliments conçus spécialement pour eux. Tout ajout pourrait favoriser un déséquilibre alimentaire. Par exemple, ajouter à un régime bien équilibré en calcium un aliment trop riche en phosphore peut bloquer l'assimilation du calcium par l'organisme. Cela peut entraîner de sérieux problèmes : rachitisme, retard de croissance, mauvaise cicatrisation.

Donner à un chien les aliments du repas familial, surtout au cours de celui-ci, peut aboutir à des problèmes comportementaux : le chien peut se mettre à quémander ou à chaparder. Ne le laissez jamais sous la table pendant que vous prenez vos repas. Veillez à ce que les enfants ne le nourrissent pas en cachette : en effet, il commencerait par quémander et, très vite, se mettrait à chaparder dans les mains ou dans les assiettes.

Parfois cependant, certains éléments de notre alimentation peuvent être utiles. Si vous devez donner des médicaments à votre chien, il sera plus facile de le faire en les cachant dans un morceau de fromage ou de saucisse. Mais donnez-lui seulement de petites quantités pour ne pas déséquilibrer son régime alimentaire.

Certains de nos aliments sont bons pour les chiens et peuvent être utilisés comme compléments alimentaires. Ainsi, on recommande souvent de donner du yaourt après un traitement antibiotique, qui détruit la flore intestinale. Les yaourts, qui sont à base de levures actives vivantes, contribuent à régénérer cette flore intestinale, indispensable à l'assimilation des aliments.

## FRIANDISES

Les friandises doivent être considérées comme nos aliments : elles sont un ajout au régime alimentaire et peuvent donc créer un déséquilibre. En outre, de nombreuses friandises vendues dans le commerce sont très sucrées et/ou salées, et souvent peu nourrissantes. Un excès de friandises peut entraîner l'obésité.

Cependant, elles peuvent jouer un rôle, surtout au cours de l'éducation du chien. Une friandise, c'est une motivation ! Choisissez les friandises les plus saines : celles qui contiennent peu de sucre, de sel et de conservateurs. Réservez-les pour les séances d'éducation et les occasions spéciales.

## COMPLÉMENTS ALIMENTAIRES

Ils sont, par définition, ajoutés à l'alimentation du chien. Il peut s'agir de yaourt, comme nous l'avons vu, ou d'un comprimé de vitamines et sels minéraux. La plupart des fabricants précisent sur l'emballage que leurs aliments «couvrent tous les besoins nutritionnels» du chien et que les compléments alimentaires sont superflus. Cependant, comme il a déjà été dit, tous les aliments ne se valent pas. Un complément alimentaire bien choisi, s'il respecte l'équilibre nutritionnel, ne pourra pas nuire à votre chien.

### QUELQUES COMPLÉMENTS ALIMENTAIRES :

- Un complément en vitamines et sels minéraux doit contenir toutes les vitamines et minéraux essentiels, y compris le calcium et le zinc.
- Le yaourt est bon pour la digestion et les flatulences. C'est une bonne source d'acides aminés.
- La levure de bière est souvent recommandée contre les puces (mais ce n'est pas le meilleur remède) ; elle est aussi très nutritive.
- Le bouillon de poulet est bon pour le chien ; on peut aussi l'utiliser pour rendre les croquettes plus appétissantes.

# L'ÉDUCATION

Chiens et humains doivent tous connaître les règles du comportement en société. Les propriétaires de chiens doivent leur apprendre à ne pas mordre, lécher ou sauter sur les gens, et à ne jouer qu'avec leurs jouets. Une fois que le chien connaît ces règles et accepte de contrôler son comportement, il est de bien meilleure compagnie, et ne risque plus d'être un souci permanent! Apprendre à un chien à s'asseoir, à se coucher et à revenir vers soi ne suffit pas, même si cela fait partie de l'éducation. Avant de commencer, vous devez, comme votre chien, apprendre un certain nombre de choses. Ensuite seulement, vous pourrez commencer l'éducation.

Les chiens sont très sensibles à la voix; elle a une grande importance dans l'éducation. Lorsque des chiens jouent ensemble et sont heureux, ils aboient et glapissent dans une tonalité aiguë, mais pas autant que lorsqu'ils ont mal. Aussi, lorsque vous voudrez féliciter votre chien, utilisez une voix plus aiguë pour dire : «Bien, bon chien!» Quand la mère d'un petit chiot le réprimande (pour lui avoir mordu l'oreille, par exemple), elle le fait avec un grognement sourd. Ainsi, pour lui faire comprendre qu'il se comporte mal, utilisez une voix plus grave pour lui dire, «Non, pas cela!» Utiliser sa voix, quel qu'en soit le ton, ne sert à rien si c'est après coup : c'est au moment même où le chien agit qu'il faut lui dire s'il fait bien («Bien!») ou pas («Non!»).

Mais parler à son chien ne suffit pas à l'éduquer. Il faut aussi lui faire comprendre qu'il doit parfois vous obéir. L'une des manières les plus simples d'y parvenir est d'utiliser des friandises : elles sont idéales pour inciter votre chien à coopérer. Choisissez celles qu'il préfère, pour le récompenser et le motiver. Nous verrons comment faire dans le chapitre sur les ordres spécifiques.

La laisse et le collier sont des éléments importants de l'éducation. La laisse vous permet de contrôler votre chien jusqu'à ce qu'il ait un comportement acceptable. Par exemple, s'il aime sauter sur les gens, vous pourrez l'en empêcher jusqu'à ce qu'il ait appris à s'asseoir. Au début de l'éducation, utilisez la laisse et le collier en permanence, même dans la maison : vous pourrez ainsi contrôler tous ses mouvements. Bien entendu, retirez toujours la laisse et le collier lorsque vous ne pouvez pas le surveiller pour éviter qu'ils ne se coincent quelque part et l'étouffent.

## RÉPÉTITION, COHÉRENCE ET PERSISTANCE

L'éducation implique les répétitions : il faut recommencer inlassablement les mêmes exercices. En effet, le chien ne comprend pas pourquoi vous lui interdisez de sauter sur les gens ou de chasser le chat des voisins. Ces exercices, maintes fois répétés, deviendront vite des automatismes pour votre chien. L'éducation implique aussi de la cohérence. Si vous voulez que votre chien cesse de sauter sur les gens, vous devez l'en empêcher à chaque fois qu'il essaie de le faire. Tous les membres de la famille doivent respecter les mêmes règles. Il ne servira à rien d'interdire à votre chien l'accès au canapé si votre fils l'encourage à y monter pour faire un câlin. L'éducation nécessite aussi qu'on y consacre du temps. Veillez à prendre tous les jours le temps de faire travailler votre chien.

**L'ÉDUCATION EST NATURELLE**
Certaines personnes refusent d'éduquer leur chien, car cela ne lui est pas «naturel». Ils ont tort, car les chiens sont des animaux de meute, et les meutes sont hiérarchisées. Les dominés doivent obéir aux règles établies par les dominants. Obéir à un maître ne pose aucun problème à un chien : cela lui est naturel.

# APPRENDRE À SON CHIEN À S'ASSEOIR

### « ASSIS ! »

Lorsque votre chien est assis, il doit le rester et être attentif. Pendant ce temps, il ne saute pas sur vos invités ou sur la gamelle de nourriture que vous lui préparez. En restant assis, le chien apprend à se contrôler.

Lui apprendre à s'asseoir est facile. Prenez une friandise dans une main et tenez le chien en laisse de l'autre. La laisse doit être assez courte (mais sans l'étrangler) pour le maintenir à quelques dizaines de centimètres de vous. Faites-lui sentir la friandise, puis tenez-la en l'air au-dessus de sa tête et faites-la reculer vers sa queue en disant : «Assis!» Dès que son bassin touche le sol, félicitez-le et donnez-lui la friandise.

Si votre chien se met à tourner sur lui-même au lieu de suivre la friandise des yeux, tout n'est pas perdu. Rangez la friandise. Tenez le chien en laisse d'une main, en gardant l'autre libre. Dites-lui de s'asseoir en l'y incitant délicatement : posez une main en dessous de sa poitrine et soulevez doucement tout en appuyant de l'autre main sur le bassin. Félicitez-le lorsqu'il sera assis, même si vous l'avez beaucoup aidé.

S'il se relève subitement, faites-lui comprendre qu'il vous désobéit. Dites-lui : «Non, assis!», et aidez-le à se rasseoir.

## « PAS BOUGER ! »

Vous devez faire comprendre à votre chien que «Pas bouger!» signifie «Garde cette position». Vous utiliserez cet ordre lorsque vous voudrez qu'il reste assis ou couché.

D'abord, faites asseoir votre chien. Dites-lui : «Pas bouger!» en tendant une main, la paume ouverte face à son museau, puis faites un pas en arrière. S'il bouge, dites-lui : «Non! Pas bouger!» et replacez-le. S'il s'agite, tirez légèrement la laisse vers l'arrière pour le réfréner tout en reculant. Après quelques secondes, félicitez-le. Soyez enthousiaste lorsque vous le félicitez, surtout s'il a fait un gros effort.

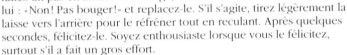

À mesure que votre chien apprend cet ordre, vous pouvez augmenter la durée et la distance à tenir, mais faites-le très progressivement. Si votre chien commet beaucoup d'erreurs, c'est que le dressage va trop vite. Le résultat final sera bien meilleur si vous prenez le temps. Allez-y doucement, en augmentant soit la distance, soit la durée, mais jamais les deux en même temps.

**VOUS POUVEZ VOUS FIXER CES OBJECTIFS :**

○ Jours 1, 2 et 3 :  Reculez d'un pas et faites tenir la position à votre chien cinq secondes.

○ Jours 4, 5 et 6 :  Reculez de trois pas et faites-lui tenir la position cinq secondes.

○ Jours 7, 8 et 9 :  Reculez de trois pas et faites-lui tenir la position dix secondes.

○ Jours 10, 11 et 12 :  Reculez de cinq pas et faites-lui tenir la position dix secondes.

○ Jours 13, 14 et 15 :  Reculez de cinq pas et faites-lui tenir la position vingt secondes.

# Apprendre à son chien à se coucher et le rappel

### « Couché ! »

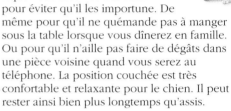

L'ordre «Couché!» est très utile, surtout associé à «Pas bouger!» Lorsque votre chien obéira à ces ordres, vous pourrez vous en servir lorsque vous recevrez des amis pour éviter qu'il les importune. De même pour qu'il ne quémande pas à manger sous la table lorsque vous dînerez en famille. Ou pour qu'il n'aille pas faire de dégâts dans une pièce voisine quand vous serez au téléphone. La position couchée est très confortable et relaxante pour le chien. Il peut rester ainsi bien plus longtemps qu'assis.

Faites asseoir votre chien. Donnez-lui à renifler une friandise. Puis, tout en lui disant : «Couché!», baissez la friandise jusqu'à ses pieds. Comme il la suit du bout de la truffe, posez délicatement une main sur ses épaules. S'il hésite à se coucher, appuyez légèrement pour l'y aider. Une fois couché, félicitez-le : «C'est bien, bon chien!».

S'il ne comprend pas qu'il doit suivre la friandise avec le bout de sa truffe, prenez-lui délicatement les pattes avant et étendez-les pour qu'il se couche. Ne le laissez pas chahuter; tout doit se passer dans le calme.

Une fois qu'il est allongé confortablement et qu'il accepte de le rester, dites-lui : «Pas bouger!» S'il se relève, utilisez la laisse pour l'en empêcher. Dites-lui : «Non!» et remettez-le en position. Ordonnez-lui à nouveau de rester en place. Après quelques secondes, félicitez-le : «Bravo! C'est bien, bon chien!» et laissez-le se relever.

## « AU PIED ! »

Vous devez apprendre à votre chien que «Au pied!» signifie qu'il doit venir à vous directement à chaque fois que vous le lui demandez. Le plus facile (et le plus drôle) est d'utiliser une boîte de friandises pour chiens. Si vous lui en avez déjà acheté, vous avez certainement remarqué qu'il reconnaît le bruit de la boîte. Lorsque vous l'ouvrez, il est déjà en train de saliver à vos pieds! Vous pouvez utiliser cette réaction pour lui apprendre à venir.

Prenez une boîte de friandises d'une main et faites asseoir votre chien devant vous. De l'autre main, prenez une friandise, petite et facile à manger. D'une voix plus aiguë que la normale (donc contente!), dites le nom du chien et le mot qu'il connaît déjà pour «friandise» (par exemple : «Rex! Gâteau!»). Donnez-la lui tout en agitant la boîte. Refaites cela trois ou quatre fois puis arrêtez un moment. Recommencez plus tard. Ainsi, vous lui apprenez à reconnaître et à réagir à la boîte de friandises. Le lendemain, refaites le même exercice, mais en remplaçant le mot «gâteau» par «Au pied!» Le chien ne répond pas encore réellement à l'ordre, mais il apprend à associer «Au pied!» avec le bruit de la boîte et la friandise. Recommencez cela plusieurs fois par jour pendant quelques jours.

Après une semaine, répétez l'exercice en le modifiant : appelez votre chien du bout d'un couloir ou d'une autre pièce. Félicitez-le toujours d'une voix contente et donnez-lui une friandise lorsqu'il vient à vous. Après deux semaines, appelez-le du fond du jardin, d'une voix gaie et aiguë, en utilisant toujours une friandise.

Servez-vous de la boîte et des friandises pour cet exercice aussi longtemps que nécessaire. Si votre chien ne vient pas toujours à vous, continuez à les utiliser pendant plusieurs mois, jusqu'à ce qu'il vienne systématiquement. Si vous avez un chiot, vous pouvez pratiquer cette méthode pendant un an, un an et demi (assez pour que votre chiot ait suffisamment grandi et mûri). N'oubliez pas que cet ordre est important, et plus vous l'utiliserez (toujours dans un esprit ludique), meilleur sera le résultat.

# LA MARCHE EN LAISSE

Si, en promenade, votre chien tire trop sur sa laisse, il risque de se faire mal (au cou ou aux épaules) ou de vous faire mal (vous blesser au bras ou à l'épaule, ou vous faire tomber). Il n'est pas agréable de promener un chien qui tire sans cesse sur sa laisse. Mais il est facile de lui apprendre à marcher correctement tenu en laisse.

Faites asseoir votre chien portant laisse et collier devant vous. Faites-lui renifler une friandise et dites-lui : «Marche!» en reculant derrière lui. Utilisez la friandise pour l'inciter à vous suivre alors que vous reculez de plusieurs pas. Quand il le fait, félicitez-le et donnez-lui la friandise. Lorsqu'il vous suit de plusieurs pas sans problème, compliquez l'exercice, et reculez en zigzag. Félicitez-le, à nouveau lorsqu'il vous suivra.

Après plusieurs jours (voire une semaine) de cet exercice, reculez encore, mais en vous retournant pour que vous et votre chien marchiez ensemble, côte à côte. Utilisez la friandise pour garder son attention fixée sur vous et félicitez-le lorsqu'il marchera correctement. Arrêtez-vous, faites-le asseoir, félicitez-le et donnez-lui la friandise. Veillez à ce que cet exercice soit court, intense et positif.

Si, lorsque vous marchez ensemble, votre chien se laisse distraire, ne dites rien. Éloignez-vous de lui. S'il ne fait pas attention, laissez la laisse se tendre, tirez légèrement dessus et relâchez aussitôt (le but étant d'attirer son attention et pas de lui faire mal). Lorsqu'il réagit en vous regardant, prenez un air surpris : «Oh! Qu'est-ce que c'était?» Quand il se remet à vous suivre, félicitez-le.

Au début, il vous faudra peut-être vous éloigner et vous rapprocher ainsi de lui plusieurs fois au cours de la même leçon. Faites-le aussi souvent que nécessaire, mais ne le laissez jamais vous tirer avec sa laisse.

### N'HÉSITEZ PAS À UTILISER LES FRIANDISES

Certains propriétaires de chiens s'inquiètent de devoir utiliser des friandises pour le dressage, surtout pour la marche en laisse. Ne craignez rien! Vous n'aurez pas à vous en servir pendant des années; juste pendant les séances d'éducation.

Les friandises servent à inciter le chien à faire ce qu'on lui demande. Plus tard, quand il sera adulte, mûr et bien éduqué, vous pourrez les supprimer. Mais ne le faites pas trop tôt.

# APPRENDRE À RÉSOUDRE LES PROBLÈMES

Apprendre à son chien à s'asseoir, à se coucher, à rester immobile ou à marcher tenu en laisse ne suffit pas. Vous devez lui apprendre à toujours vous obéir. Cela vous servira à maîtriser ou éliminer de nombreux problèmes. En utilisant les ordres simples que votre chien connaît déjà, vous pourrez mieux contrôler son comportement. Pensez aux situations où ces ordres pourraient vous être utiles. En voici quelques-unes.

## IL SAUTE SUR LES GENS

Les chiens sautent sur les gens pour leur dire bonjour. Les chiots saluent les chiens adultes en leur léchant le museau. Votre chien veut faire pareil avec les gens. Il vous saute aussi dessus lorsque vous rentrez parce que vous lui avez manqué. Il saute sur les voisins ou sur les invités parce qu'il est excité et cherche à capter l'attention. Mais, si vous lui apprenez à s'asseoir lorsqu'il veut être caressé, vous l'en empêcherez : il ne peut pas rester assis et sauter en même temps! Lorsque vous rentrez chez vous ou qu'un invité arrive, dites à votre chien de s'asseoir, et ne le caressez pas avant qu'il ne l'ait fait. Au début, il faudra que vous le réfréniez, avec la main ou la laisse, pour le faire s'asseoir. Mais il apprendra vite si vous et tous les membres de votre famille agissez avec lui de manière cohérente.

*Votre chien percevra toute caresse ou petite tape comme une récompense pour avoir sauté. Veillez à ne le féliciter que pour un bon comportement.*

## IL S'ENFUIT PAR LA PORTE OU LE PORTAIL

C'est une mauvaise habitude, car votre chien pourrait se retrouver dans la rue et être renversé par une voiture, ou bien se perdre. Pour éviter cela, vous pouvez lui apprendre à s'asseoir devant la porte ou le portail pendant que vous l'ouvrez. Faites asseoir votre chien en laisse devant la porte ou le portail fermé. Dites-lui de rester en place et ouvrez la porte. S'il cherche à s'enfuir, retenez-le avec la laisse (tirez et relâchez aussitôt), dites-lui : «Non! Pas bien!» et remettez-le en position. Recommencez l'exercice. Pratiquez-le aussi souvent que nécessaire pendant plusieurs semaines, devant toutes les portes donnant sur l'extérieur, le portail et même la porte du garage. Votre chien finira par comprendre.

## IL QUÉMANDE DE LA NOURRITURE

Le chien prend souvent cette habitude en découvrant ce que les gens laissent tomber de leur assiette. Il ramasse et trouve cela bon. Il se met alors à guetter la nourriture tombée, et, si cela n'arrive pas, commence à vous harceler pour en obtenir. Mais cela dégénère vite et le chien peut devenir insupportable, jusqu'à chaparder, mordiller ou mordre. Cependant, cette habitude est facile à enrayer si tous les membres de la famille agissent de manière cohérente. Lorsque vous êtes sur le point de passer à table, faites coucher votre chien loin de la table, dans un coin ou dans l'entrée. Il ne doit pas rester à côté ou en dessous de la table. S'il se lève, prenez-le par le collier, réprimandez-le et ramenez-le là où il était. Faites-le se recoucher. Vous devrez peut-être l'y ramener plusieurs fois au début, mais il apprendra vite!

Un dressage de base permet également de prévenir d'autres problèmes : lorsque vous dressez votre chien, il comprend clairement que c'est vous le dominant. S'il sait qui commande, il ne cherchera pas à défier votre autorité. Si tous les membres de la famille appliquent les règles de manière cohérente, votre chien trouvera sa place dans la hiérarchie familiale, et tout se passera bien.

# LES PUNITIONS

Combien de fois avez-vous entendu dire : «Il sait qu'il s'est mal comporté : il a un air coupable!» Mais il ne s'agit pas de culpabilité (sentiment que les chiens n'ont pas). En fait, le chien sait qu'il va être puni. Il sait qu'il se fait gronder quand il fait une bêtise, et son langage corporel traduit simplement cela. Les chiens vivent le moment présent et doivent être punis pendant qu'ils sont en train de commettre une erreur. Ils ne peuvent comprendre le sens d'une punition appliquée ne serait-ce que dix secondes après coup. Si vous comptez changer le comportement de votre chien, il faut le punir sur le champ. En outre, vos punitions doivent être cohérentes et justes. Utilisez toujours la punition la moins sévère : votre chien n'est-il pas votre meilleur ami? Voici quelques manières douces de résoudre certains problèmes.

## IL MONTE SUR LES FAUTEUILS

Si vous voulez interdire à votre chien de monter sur les fauteuils, gardez-le en laisse les premiers jours et apprenez-lui à rester couché à vos pieds. S'il monte sur les fauteuils quand vous avez le dos tourné, utilisez la laisse (et votre voix) pour lui faire comprendre qu'il a mal agi. Obligez-le à descendre et à se coucher par terre. Dites-lui de rester et donnez-lui quelque chose à mordiller pour qu'il ne s'ennuie pas.

## IL SE RUE DANS LES ESCALIERS

C'est une mauvaise habitude qui pourrait provoquer la chute de quelqu'un. Vous devez apprendre à votre chien à rester derrière vous lorsque vous montez ou descendez des escaliers. Au début, tenez-le en laisse. Lorsque vous montez la première marche, dites-lui : «Suis-moi!», et utilisez la laisse pour l'inciter à le faire. S'il essaie de vous dépasser, empêchez-le en tirant et relâchant aussitôt la laisse, et en utilisant votre voix. Lorsqu'il vous suivra correctement, félicitez-le. Entraînez-le souvent à monter et descendre les escaliers.

# IL ABOIE

D'abord, il ne faut pas oublier qu'aboyer est
une chose naturelle pour un chien. Quelques
aboiements ne posent pas problème. Mais
un chien qui aboie trop peut être très
gênant. Si vous lui ordonnez d'arrêter en
hurlant, vous risquez de faire autant de
bruit que lui. En outre, il ne cessera pas car il pensera
que vous l'accompagnez. Il faut utiliser «la règle des trois
aboiements». Lorsque quelqu'un se présente à la porte, les chiens ont
le droit de réagir par trois aboiements seulement. Vous pouvez leur
apprendre à ne pas aller au-delà.

Commencez par interdire les aboiements dans la maison lorsque vous
êtes présent. Remplissez un vaporisateur avec environ un huitième de
vinaigre (surtout pas plus) et le reste d'eau. Lorsque quelqu'un se
présente à la porte et que le chien se met à aboyer, dirigez-vous
calmement vers lui et dites-lui : «Silence», fermement, mais sans crier.
Vaporisez la solution au vinaigre dans sa direction (en évitant les
yeux!). En sentant le vinaigre, il cessera d'aboyer, reculera et, peut-être
même, éternuera. Au moment où il cesse d'aboyer, félicitez-le : «C'est
bien, n'aboie plus!»

# IL MORDILLE TOUT CE QU'IL TROUVE

Votre chien doit se faire les crocs; il faut lui donner des jouets à
mordiller conçus pour lui. Si vous lui donnez une vieille chaussure à
mordiller, il ne comprendra jamais qu'il ne doit pas le faire avec vos
chaussures neuves. Lorsque vous attrapez votre chien avec quelque
chose dans la gueule qu'il ne devrait pas avoir, dites-lui de lâcher
(«Non, pas cela! Lâche!») d'une voix ferme et déterminée. Une fois
qu'il a lâché, donnez-lui un jouet à mordiller.
Félicitez-le lorsqu'il s'en empare. Dans la
maison, empêchez votre chien d'accéder
à certaines pièces où il pourrait trouver
des objets à mordiller. Gardez-le dans la
même pièce que vous pour pouvoir
le surveiller. Veillez aussi
à ne pas laisser traîner
d'objets, surtout si vous
possédez un jeune
chiot.

# L'IMPORTANCE DE L'EXERCICE

*Les gènes du golden retriever le conduisent naturellement à aller chercher et rapporter le gibier.*

Quelle est la race de votre chien? Est-il issu d'un croisement?
La plupart des races de chiens d'aujourd'hui servaient autrefois à
effectuer des tâches souvent difficiles. Les chiens étaient des athlètes
et ils devaient travailler dur, souvent toute la journée. Berger anglais,
berger des Pyrénées, berger de Beauce et border collie sont des
chiens de bergers, utilisés encore de nos jours pour rassembler le
bétail. Tous les retrievers, braques et épagneuls, comme le labrador, le
golden retriever, le braque allemand et l'épagneul breton, sont
d'infatigables chiens de chasse. Certains, comme le lévrier irlandais et
le whippet, chassaient les proies à vue. D'autres, comme le beagle et
le chien de Saint-Hubert, les pistaient à l'odorat. Le rottweiler, le
bouvier bernois ou le terre-neuve étaient utilisés pour tirer des
charrettes, comme les chevaux. Le rottweiler, le grand danois et le
mastiff anglais patrouillaient les terres de leurs propriétaires pour les
surveiller et repousser d'éventuels prédateurs ou intrus. Les tâches que
devaient accomplir les chiens sont aussi variées que les races elles-
mêmes.

Souvent, en tant qu'animaux de compagnie, les chiens n'exploitent
plus ces aptitudes naturelles, et la frustration, le manque de travail

ou d'exercice conduisent à des problèmes comportementaux. Votre border collie peut chercher à rassembler les chats (ou les enfants!) comme du bétail. Votre grand danois peut se mettre à aboyer pour repousser les intrus, sans comprendre que ce sont en fait vos voisins.

Vous pouvez éliminer beaucoup de ces frustrations. Dans un premier temps, confiez à votre chien une tâche à exécuter : par exemple, rapporter le journal du matin. Apprenez-lui à ramasser les jouets des enfants et à les remettre dans leur boîte, ou à ramasser les serviettes de toilette pour les déposer dans la corbeille de linge sale. Lorsqu'on confie une tâche à son chien, il est stimulé et se sent utile : deux facteurs essentiels pour son équilibre.

Dans un deuxième temps, pratiquez régulièrement les exercices de dressage pour le stimuler sans cesse. Continuez à lui apprendre de nouvelles choses, par exemple certains tours. (Nous reviendrons sur ce sujet pages 46 et 47.)

Dans un troisième temps, veillez à ce qu'il prenne assez d'exercice : faites de grandes promenades ensemble, lancez-lui des balles de tennis à rapporter, ou faites-le courir à vos côtés pendant que vous êtes à vélo. Il faut adapter l'exercice selon la race, l'âge et la condition physique de votre chien. S'il a longtemps manqué d'exercice, commencez doucement et augmentez progressivement la difficulté. Comme nous, les chiens n'aiment pas que leurs muscles leur fassent mal après trop d'exercice.

Si l'exercice est bon pour le mental de votre chien, il l'est aussi pour son physique. Nous, humains, savons que l'exercice est bon pour nous. Il en va de même pour le chien. Un chien en bonne forme sera moins sujet à l'obésité, l'arthrite ou aux problèmes de surpoids.

*Tout chez le chien de Saint-Hubert, depuis ses oreilles tombantes jusqu'aux replis de peau sur sa face large, est conçu pour pister les odeurs. Il faut qu'il puisse utiliser cette aptitude naturelle.*

# VOTRE CHIEN A-T-IL BESOIN DE BEAUCOUP D'EXERCICE ?

Ce tableau montre les besoins d'un chien adulte, actif et en bonne santé. Les jeunes chiots, les chiens âgés ou handicapés auront besoin de moins d'exercice. («Moins d'exercice» ne signifie cependant pas «aucun exercice»!)

| Sur une échelle de 1 à 5 : | 1 | 2 | 3 | 4 | 5 |
|---|---|---|---|---|---|
| Lévrier afghan | | | | ✓ | |
| Akita | | | ✓ | | |
| Épagneul breton | | | | | ✓ |
| Basset hound | | ✓ | | | |
| Beagle | | | | ✓ | |
| Chien de Saint-Hubert | | | ✓ | | |
| Border collie | | | | | ✓ |
| Boxer | | | | ✓ | |
| Bull dog | | | ✓ | | |
| Épagneul cocker | | | | ✓ | |
| Colley | | ✓ | | | |
| Doberman | | | | ✓ | |
| Berger allemand | | | | | ✓ |

*Épagneul cocker*

*Akita*

| Sur une échelle de 1 à 5 : | 1 | 2 | 3 | 4 | 5 |
|---|---|---|---|---|---|
| **Bouledogue français** | ✓ | | | | |
| **Golden retriever** | | | | ✓ | |
| **Grand danois** | | ✓ | | | |
| **Terrier Jack Russel** | | | | ✓ | |
| **Labrador** | | | | ✓ | |
| **Rottweiller** | | ✓ | | | |
| **Berger de Beauce** | | | | | ✓ |
| **Husky sibérien** | | | | | ✓ |
| **Teckel** | | ✓ | | | |
| **Caniche** | | ✓ | | | |
| **Bichon frisé** | | ✓ | | | |
| **Blanc du west highland** | | | | | ✓ |
| **Terrier Yorkshire** | | | ✓ | | |

# JOUER AVEC SON CHIEN

Pourquoi avez-vous un chien? Cherchiez-vous un ami et un compagnon? Le meilleur moyen de construire cette amitié est de lui consacrer du temps. Jouer avec lui est une bonne manière d'utiliser ce temps. Il suffit pour cela de lui envoyer une balle ou un frisbee, ou de lui apprendre certains jeux. Souvenez-vous qu'un jeu peut être mal interprété par votre chien. Par exemple, si vous lui faites tirer sur une corde pendant que vous tenez l'autre bout, il apprend à utiliser sa force contre vous. Ce n'est pas une bonne idée, surtout s'il y a des enfants dans votre famille. Pour la même raison, s'amuser à lutter avec son chien n'est pas conseillé. Choisissez plutôt des jeux qui font appel à son intelligence.

## CACHE-CACHE
Un membre de la famille tient le chien en laisse pendant que vous l'appelez et courez vous cacher. Au début, continuez à appeler votre chien pour qu'il vous trouve facilement. Quand il vous aura découvert, félicitez-le abondamment et chaleureusement. Lorsqu'il aura compris le jeu, appelez-le une ou deux fois seulement, puis laissez-le vous chercher. L'autre personne peut vous dire si le chien a du mal à vous localiser. Dans ce cas, appelez-le de nouveau. La personne peut lui dire : «Va chercher Papa!» ou : «Va chercher Sophie!», en utilisant le prénom, pour qu'il apprenne à identifier chacun des membres de la famille. Cela pourra servir lorsque vous voudrez que votre chien aille chercher l'un de vos enfants ou votre époux(se).

*Corde*

*Brosse*

*Anneau*

*Balle*

*Os en plastqiue*

## LUI APPRENDRE LE NOM DE SES JOUETS

Prenez trois ou quatre objets préférés de votre chien (une écuelle, un magazine et un gant, par exemple) ainsi que quelques friandises. Asseyez-vous avec votre chien à côté. Disposez les objets par terre devant vous. Prenez l'un des jouets et montrez-lui en prononçant le nom de l'objet : «Balle, Rex, balle!» S'il touche la balle ou la prend, félicitez-le et donnez-lui une friandise. Recommencez plusieurs fois. Puis reposez la balle à terre parmi les autres objets. Dites à votre chien : «Trouve la balle!» S'il la touche ou la prend, félicitez-le chaleureusement et donnez-lui une friandise. Recommencez plusieurs fois. Mélangez les objets à terre, avec la balle, et recommencez. Une fois que votre chien trouve la balle à chaque fois que vous le lui demandez, passez à un autre jouet. Lorsqu'il pourra identifier ce nouvel objet, reposez-le parmi les autres jouets et la balle. Demandez-lui de retrouver ce nouvel objet ou bien la balle. Vous pourrez ainsi continuer à lui apprendre à identifier différents objets : clés, télécommandes, ou tout ce que vous voudriez qu'il puisse retrouver.

# APPRENDRE QUELQUES TOURS

Apprendre à son chien à réaliser certains tours est toujours très agréable. On s'amuse beaucoup à les répéter et, surtout, à les lui faire exécuter devant des amis.

## GIROUETTE

Le chien doit être debout devant vous. Une friandise dans la main, dites-lui de tourner sur lui-même en le guidant : placez la friandise à hauteur de sa truffe et décrivez un cercle autour de lui. Lorsqu'il aura compris, vous pourrez accélérer la vitesse ou lui faire enchaîner deux ou trois tours à la fois. N'allez pas au-delà de trois tours pour éviter qu'il ait le tournis ou se rende malade !

*Ne le faites pas tourner sur lui-même trop vite. Donnez-lui le temps de comprendre ce que vous attendez de lui et respectez son rythme.*

## ÉTERNUEMENT

Faites asseoir votre chien devant vous. Soufflez doucement sur sa truffe et dites-lui : « Éternue, Rex ! » Lorsqu'il s'exécute, félicitez-le et donnez-lui une friandise.

## RÉVÉRENCE

Dans cette position, le chien a la croupe en l'air et les pattes arrière tendues, mais les épaules et la tête basses, et les pattes avant étendues sur le sol. Asseyez-vous ou agenouillez-vous à côté de votre chien qui doit être debout. Faites-lui renifler une friandise que vous tenez dans une main. Baissez la friandise jusqu'à terre devant le chien (comme pour lui apprendre à se coucher) et dites-lui de faire la révérence. La friandise doit l'inciter à baisser la tête et les épaules. En même temps, vous pouvez mettre une main sous son ventre pour l'empêcher de se coucher et l'obliger à garder la croupe haute. Lorsqu'il adopte la bonne position, félicitez-le. Quand il aura compris, il ne sera plus nécessaire de l'aider de la main, et vous pourrez lui faire tenir la position plus longtemps.

*Faire la révérence est une chose naturelle pour un chien. En langage corporel canin, cette position sert à solliciter le jeu.*

# LE POIL ET LES GRIFFES

Votre chien ne peut pas s'occuper lui-même de son hygiène. Il compte sur vous pour le brosser, démêler son poil, lui nettoyer les oreilles et lui couper les griffes. Sa propreté et sa santé ne dépendent que de vous.

Il est recommandé d'effectuer ces tâches avec régularité. La fréquence du brossage dépend de l'épaisseur et du type de robe de votre chien. La robe d'hiver d'un chow-chow demande un brossage quotidien soigneux pour être jolie, propre et sans nœuds. Le poil long du colley, berger anglais, setter irlandais, caniche et yorkshire exige aussi un brossage et un peignage quotidiens pour rester propre. Les chiens à poil mi-long, comme le border collie, le berger australien et l'épagneul cavalier King-Charles, doivent être peignés et brossés plusieurs fois par semaine, mais pas forcément tous les jours. Les chiens à poil court, comme le doberman, le rottweiler, le pointer et le boxer, demandent deux ou trois brossages ou peignages hebdomadaires.

Pour un chien à poil court, vous pouvez utiliser une brosse à soies souples. N'utilisez pas de brosse à soies trop dures ou métalliques qui pourraient lui égratigner la peau. Vous pouvez peigner les chiens à poil plus long avec un peigne en métal, une brosse à soies longues, ou une brosse à

*Brosse à démêler*

*Brosse dure*

*Brosse souple*

*Pinces*

*Ciseaux à désépaissir*

*Ciseaux*

*Rasoir électrique*

## RÉGULARITÉ ET DOUCEUR

Essayez de rendre les séances de toilettage aussi agréables que possible. Vous devrez le faire souvent, et durant toute sa vie : il ne faut donc pas que cela devienne une corvée pour lui ou pour vous! Si votre chien est nerveux lorsque vous le toilettez, gardez une friandise à portée de main. Donnez-la lui pour qu'il se distraie pendant que vous vous occupez de lui.

démêler. Si vous n'êtes pas sûr des instruments adéquats pour votre chien, adressez-vous à un toiletteur ou à un éleveur. Ils sauront vous conseiller sur l'équipement et la manière de l'utiliser.

Pour brosser votre chien, asseyez-vous par terre et invitez-le à se coucher devant vous. Commencez par la tête, en brossant doucement et soigneusement. Brossez le poil autour des oreilles ou, si le poil est doux et abondant, utilisez un peigne. Descendez ensuite le long du cou et des épaules, jusque sous le ventre, puis les pattes et la queue. Veillez à le brosser ou le peigner sur tout le corps. Tout en le brossant, vérifiez qu'il n'y a pas de brindilles, d'épillets, de puces ou de tiques dans son pelage.

## GRIFFES

Une fois brossé, votre chien sera détendu : profitez-en pour lui couper les griffes. Le chien couché devant vous, prenez-lui une patte. Écartez un orteil et repoussez le poil. Si ses griffes sont blanches, la limite rose qui transparaît indique la chair. Avec un coupe-griffes pour chiens, coupez-lui les griffes au ras de cette limite sans l'entamer, car cela serait très douloureux. S'il a les griffes noires, coupez l'extrémité recourbée de chacune.

Si vous entamez accidentellement la chair et qu'il saigne, frottez un morceau de savon sur le bout de la griffe. Cela obstruera la plaie et permettra au sang de coaguler. Laissez votre chien couché quelques minutes, et veillez à ne pas lui couper les griffes aussi court la prochaine fois !

Si votre chien n'aime pas qu'on lui coupe les griffes, vous n'êtes pas obligé de tout faire en une fois. Si cela le rend nerveux, coupez-lui les griffes d'une seule patte. Vous ferez la deuxième plus tard, et ainsi de suite, jusqu'à ce qu'elles soient toutes coupées.

*Coupe-griffes*

# LES OREILLES ET LE CORPS

### NETTOYER LES OREILLES

Vous devrez nettoyer les oreilles de votre chien à chaque séance de toilettage. Il peut s'y accumuler de la saleté, de l'herbe ou autres débris, et un nettoyage régulier permettra d'éviter tout problème. De plus, les oreilles tombantes de certains chiens, comme le basset hound, le cocker, le labrador et le setter irlandais, gênent la circulation de l'air, et l'humidité s'y accumule, provoquant ou favorisant parfois des infections de l'oreille.

Il vous faudra du coton et une solution vendue dans le commerce. Utilisez une boule de coton pour absorber l'excès d'humidité. Faites coucher votre chien devant vous, soulevez une oreille et nettoyez-la délicatement en insistant sur les replis. Ne pénétrez pas dans le conduit de l'oreille. Lorsque vous aurez fini avec une oreille, recommencez avec l'autre.

Si les oreilles sont particulièrement sales, sentent mauvais ou s'il y a un écoulement foncé, consultez un vétérinaire. Une oreille saine doit être assez propre, avoir une odeur légère, mais saine.

### EXAMEN AVEC LES MAINS

La meilleure manière de vérifier que son chien n'a aucun problème est d'utiliser ses mains. Après l'avoir brossé et peigné, lui avoir coupé les griffes et nettoyé les oreilles, il est temps de lui faire un massage.

*Au cours de l'examen, soulevez la queue de votre chien. Vérifiez qu'il n'y a aucun signe de diarrhée, de gonflement, de rougeur ou d'irritation.*

Pendant que votre chien est couché et bien détendu devant vous,
commencez à le masser autour des oreilles. Palpez-lui délicatement
la base des oreilles : s'il semble avoir mal ou si elles sont molles,
consultez un vétérinaire. Continuez de masser le long du cou, tout
en vous assurant qu'il n'y a ni nœuds, ni tiques, ni bosse ou grosseur
sur ou sous la peau. Puis massez en descendant le long des épaules,
jusqu'en bas des pattes et entre chaque orteil, avant de remonter vers
le thorax.

En procédant ainsi, vos doigts s'habitueront à sentir la peau de votre
chien. Il est difficile de savoir ce qui se passe sous sa fourrure, surtout
lorsqu'il a son poil d'hiver. Vos doigts sauront repérer tout problème.
Surveillez l'apparition de bosses ou de grosseurs. Il peut s'agir
simplement d'une blessure anodine ou d'un tique qu'il faut retirer,
mais aussi d'un problème qui nécessite l'intervention d'un vétérinaire.
Surveillez toute zone douloureuse. Normalement, un chien que l'on
masse ne gémit pas et ne pleure pas ; s'il semble avoir mal quelque
part, vérifiez si vous ne voyez rien à cet endroit. En cas de coupure ou
d'égratignure, lavez, désinfectez et surveillez la cicatrisation pendant
plusieurs jours. Si la zone est douloureuse mais que vous ne voyez
rien, il faut envisager une visite chez le vétérinaire.

Faites un massage à votre chien après
chaque brossage. Cela doit devenir une
habitude. Ce faisant, vous pourrez
repérer tout problème mineur avant
qu'il ne s'aggrave.

*Avec un massage
quotidien, votre chien
se sentira mieux.
De plus, cela vous
permettra de détecter
très vite un éventuel
problème de santé.*

# BILANS DE SANTÉ ET VACCINS

Si vous venez de prendre un chien, amenez-le dès que possible chez le vétérinaire. Lors de cette première visite, celui-ci examinera votre animal et établira un bilan de santé. Il recherchera tout problème, notamment les signes de maladies ou de problèmes congénitaux, comme la dysplasie de la hanche ou la cataracte. Si, au cours de l'examen, le vétérinaire détecte un problème, il saura vous conseiller sur les solutions à adopter.

Le vétérinaire vous demandera également quels vaccins votre chien a déjà reçus, et établira un calendrier des vaccins indispensables.

Voici les vaccins de base que tous les chiens devraient recevoir :
○ Distemper
○ Hépatite infectieuse
○ Parvovirose
○ Rage

Les autres vaccins (tels ceux contre la leptospirose, la coronavirose, la maladie de Lyme, la bordetellose...) sont considérés comme optionnels. Certaines régions sont plus sujettes à telle ou telle maladie, et les risques sont différents si le chien habite en ville ou à la campagne. Votre vétérinaire vous dira quels vaccins sont nécessaires pour votre animal.

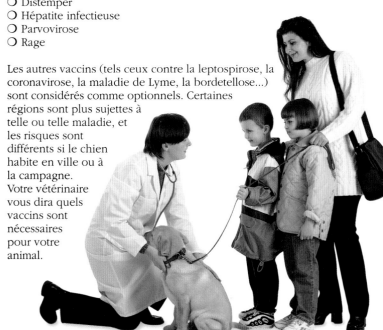

# BILANS ANNUELS

Exemple de calendrier
de vaccination de base
pour un chiot :

**8 À 10 SEMAINES :**

Maladie de Carré,
maladie de Rubarth,
parvovirose

**12 À 14 SEMAINES :**

Maladie de Rubarth,
leptospirose,
parvovirose,
rage

**1 AN :**

Maladie de Carré,
maladie de Rubarth,
parvovirose,
leptospirose,
rage

**VARIABLE :**

Dépend du style de
vie et du milieu de vie

**CHIEN ADULTE :**

Rappels tous les ans
ou tous les deux à
trois ans, selon les
vaccins, sauf avis
contraire du
vétérinaire

Lorsque vous amènerez votre chien pour les rappels de vaccins, le vétérinaire en profitera pour l'examiner. Il vérifiera l'état de ses dents pour voir comment elles sont entretenues et si elles nécessitent des soins. Il inspectera aussi ses oreilles et ses yeux pour déceler tout problème. Il palpera votre chien sur tout le corps pour détecter la présence éventuelle de bosses ou de grosseurs pathologiques. Mieux vaut les détecter tôt, au cours d'un examen de routine, plutôt que lorsque le chien aura commencé à souffrir.

Tout en examinant votre animal, le vétérinaire pourra répondre à vos questions. Si votre chien a des puces, il existe de nombreux produits pour les éliminer facilement, et votre vétérinaire saura vous recommander le plus efficace. Si vous avez peur qu'il attrape la dirofilariose (vers du coeur) transmise par les moustiques, n'hésitez pas à en parler au vétérinaire qui saura vous informer sur les traitements préventifs.

N'hésitez pas à lui poser toutes vos questions sur la santé et les besoins de votre chien. Plus vous en demanderez, plus vous en saurez et mieux vous vous occuperez de votre animal.

*Les nouveaux produits contre les puces s'attaquent à leur cycle de reproduction sans être toxiques pour votre chien ou votre famille.*

# LES SIGNES DE BONNE SANTÉ

Il existe des signes caractéristiques de bonne santé, même s'ils peuvent varier légèrement selon le chien et la race. Il faut savoir avant tout ce qui est normal chez votre chien. Vous pourrez ainsi détecter tout changement et agir.

- **Yeux :** vifs et brillants, sans écoulement ni opacité.
- **Oreilles :** propres avec une odeur non nauséabonde.
- **Truffe :** humide et fraîche. Un léger écoulement clair est normal.
- **Respiration :** l'haleine doit être fraîche, et la respiration facile.
- **Dents et gencives :** les dents doivent être propres avec pas ou peu de tartre. Les gencives doivent être roses et bien adhérer aux dents.
- **Peau :** propre et claire.
- **Robe :** propre, le poil vif et brillant. La perte de poils doit être modérée, selon la saison et la race.
- **Pattes :** tièdes, sèches et propres. Les griffes doivent être bien coupées.
- **Urine et défécation :** aucune difficulté à uriner ou déféquer, urines claires, fèces solides et bien formées.
- **Comportement :** enthousiaste, capable d'apprendre, attentif et alerte.
- **Énergie :** toujours prêt à jouer (cela dépend bien sûr de la race et de l'âge).

*Votre chien doit être robuste et joueur. Quelques jours d'apathie ne doivent pas inquiéter, mais une forte baisse de tonus peut supposer un problème.*

# LES SIGNES DE MALADIE

Surveillez l'apparition de ces signes et n'hésitez pas à appeler le vétérinaire. Si vous décelez tout autre signe anormal pour votre chien, contactez aussi votre vétérinaire.

- **Yeux :** écoulement, croûtes ou opacité.
- **Oreilles :** cire brunâtre, écoulement, odeur nauséabonde.
- **Truffe :** sèche et gercée. Écoulement opaque, vert, brun ou foncé.
- **Respiration :** difficile, essoufflement, sifflement, ou difficulté à reprendre son souffle. Bruits de liquide dans les poumons.
- **Dents :** excès de tartre, gencives qui saignent, rouges ou enflammées, mauvaise haleine.
- **Peau :** rougeurs, irritations, pellicules, démangeaisons ou plaies ouvertes.
- **Robe :** chute excessive du poil, poil sec et terne, pelades.
- **Pattes :** rougeurs, léchage continuel des pattes, pattes très chaudes, griffes cassées ou trop longues.
- **Urine et défécation :** tout changement anormal, toute douleur ou hésitation à uriner ou déféquer, urines troubles, sang dans les urines ou les fèces, fèces molles, ou diarrhée.
- **Comportement :** changement de comportement, sommeil excessif, apathie.
- **Énergie :** perte brutale d'énergie sans raison apparente. Hyperactivité, impossibilité de se maîtriser, manque total de tonus, incapacité ou manque de désir à faire ses jeux préférés.

*La maladie parodontale est le problème que rencontrent le plus souvent les vétérinaires. Elle peut conduire à des infections, des abcès, la chute des dents et des difficultés à manger. Une plaque dentaire excessive doit être éliminée par un professionnel. Les problèmes dentaires peuvent engendrer de sérieux problèmes de santé et doivent être soignés.*

# QUAND FAUT-IL CONSULTER LE VÉTÉRINAIRE ?

### PRENDRE UN RENDEZ-VOUS

Prenez rendez-vous aussitôt que vous décelez l'un de ces symptômes chez votre chien.

○ **Signes de maladie :** votre chien présente l'un des signes listés en page 55.
○ **Blessures :** votre chien s'est blessé et continue de boiter une heure après.
○ **Zone enflée :** votre chien a une zone enflée sans raison.
○ **Morsure d'animal :** votre chien s'est fait mordre par un animal sauvage ou un autre chien.

## CAS D'URGENCE

Emmenez votre chien en urgence (appelez d'abord pour être sûr d'être reçu) dans l'un des cas suivants. Si votre cabinet vétérinaire est fermé, emmenez-le dans une clinique vétérinaire : il y a urgence!

○ **Problèmes respiratoires :** votre chien respire difficilement ou s'étouffe.
○ **Saignements :** votre chien s'est blessé et saigne.
○ **Piqûre d'insecte ou morsure d'animal :** votre chien a été mordu ou piqué, il enfle et semble en état de choc.
○ **Empoisonnement :** votre chien a touché, avalé ou respiré un produit toxique.
○ **Brûlure :** votre chien s'est brûlé sur une flamme ou avec un produit chimique caustique.

# TROUSSE DE SECOURS

❏ Rouleaux de gaze de différentes largeurs

❏ Désinfectant

❏ Sparadrap

❏ Élastiques pour maintenir un bandage

❏ Tampons nettoyants avec antiseptique

❏ Tampons de gaze de différentes tailles

❏ Peroxyde d'hydrogène

❏ Pommade à base d'antibiotique

❏ Collyre

❏ Pinces

❏ Ciseaux

❏ Rasoirs jetables

❏ Coupe-griffes

❏ Peigne et brosse

❏ Laisse et collier de rechange

❏ Muselière en tissu souple

*Si vous pensez que votre chien doit aller chez le vétérinaire, il faut l'y emmener. Vous savez ce qui est normal chez votre chien, et vous seul pouvez détecter un problème.*

# LES PREMIERS SECOURS

Si votre chien s'est blessé ou tombe subitement malade, savoir
administrer les premiers soins avant de
consulter peut être déterminant.

## RESPIRATION ARTIFICIELLE
## ET MASSAGE CARDIAQUE

▶ Vérifiez si le cœur bat encore.
▶ Vérifiez si le chien respire.
▶ Si le cœur bat et que le chien respire
encore, N'UTILISEZ PAS le massage
cardiaque! Si le cœur bat mais qu'il ne respire plus, pratiquez
uniquement la respiration artificielle!
▶ S'il ne respire plus, repoussez la langue sur un côté, fermez
la gueule du chien, et retroussez les lèvres au-dessus des dents.
▶ Inspirez fortement et expirez dans la gueule du chien. Vérifiez
que la cage thoracique se soulève.
▶ Recommencez toutes les dix secondes pour les gros chiens et plus
souvent pour les petits chiens.
▶ Après dix insufflations, pratiquez cinq compressions cardiaques.
Couchez le chien sur le flanc, placez les deux mains sur le cœur,
appuyez et relâchez aussitôt. Veillez à ne pas casser de côtes!
▶ Pratiquez dix insufflations, puis cinq compressions cardiaques,
et recommencez.

## MUSELIÈRE

La douleur et la peur peuvent pousser un chien blessé à mordre, y
compris le vôtre, même s'il est gentil. Quand vous devez déplacer
un chien blessé, il faut toujours le museler
pour se protéger.

▶ Utilisez une laisse, un bas, une bande de
gaze, un foulard ou toute autre bande de tissu
et entourez-le au moins deux fois autour de la
gueule du chien.
▶ Rabattez les deux extrémités sous la gueule du
chien, croisez-les et nouez-les derrière le cou.
▶ Vérifiez que le chien peut respirer.

# ATTELLE

Une patte cassée peut être très douloureuse et traumatisante.
Ne déplacez pas le chien avant d'avoir confectionné une attelle.
Prenez un objet rigide (bâton, bout de bois, ou journal enroulé), plus
long que la patte cassée du chien. Avec de la gaze, fixez la patte sur
l'attelle. N'essayez pas de réduire la fracture ; c'est le rôle du vétérinaire.

# SAIGNEMENT

Un saignement important peut être fatal. Essayez de l'enrayer avant
d'emmener le chien chez le vétérinaire.

▶ Si une plaie saigne un peu, utilisez un tampon de gaze pour
la comprimer jusqu'à l'arrivée chez le vétérinaire.
▶ Si le saignement ne s'arrête pas, comprimez la blessure avec une
serviette ou plusieurs tampons de gaze. Il y a alors urgence ; allez
chez le vétérinaire le plus vite possible.
▶ Si le sang gicle, une artère a été coupée et le chien risque de mourir
en perdant tout son sang. Utilisez une bande de gaze ou un lacet pour
faire un garrot au-dessus de la blessure (entre la blessure et le cœur).
Entourez le membre avec la gaze et nouez-la. Insérez un crayon ou un
petit bout de bois sous la gaze et faites-le tourner sur lui-même pour
resserrer le garrot et ralentir le saignement. S'il vous faut du temps
pour arriver chez le vétérinaire, desserrez le garrot toutes les dix
minutes pour rétablir la circulation. Un garrot peut être plus nuisible
que bénéfique : utilisez-le seulement si vous êtes sûr qu'une artère a
été touchée et que votre chien risque de perdre tout son sang.

# TRANSPORTER UN CHIEN BLESSÉ

Si votre chien s'est blessé, veillez à ne pas aggraver la blessure en le
transportant.

▶ Trouvez une planche de bois, ou
superposez plusieurs couches de
cartons, plus longues et larges que
le chien. Si vous ne trouvez rien
de rigide, utilisez un drap.
▶ Posez la planche à terre, à côté du
chien, et faites-le glisser délicatement dessus.
▶ Il faudra deux personnes (une à chaque extrémité) pour
le transporter.
▶ Glissez la planche dans votre voiture, en maintenant le chien dessus.

# L'AMOUR ET L'AFFECTION

L'homme et le chien s'entendent bien car ils sont tous deux sociables, ils ne peuvent pas être heureux seuls. De nombreuses études ont montré que les propriétaires d'animaux vivent plus longtemps, guérissent plus vite de blessures ou de maladies, et sont plus optimistes que les autres. Une étude récente a prouvé que les propriétaires de chiens récupèrent plus vite et vivent plus longtemps après une attaque cardiaque.

Les propriétaires de chiens savent depuis toujours que leur animal améliore leur qualité de vie. En rentrant chez eux, ils savent qu'ils ne trouveront pas une maison vide et qu'un compagnon les attend et leur fera fête. Ils auront toujours un ami fidèle avec qui aller se promener, même par temps maussade. Un propriétaire de chien aura toujours un compagnon à câliner la nuit, un ami à qui parler ou avec qui jouer, un copain pour essuyer ses larmes. Un propriétaire de chien n'est jamais seul.

Nous aimons la compagnie des chiens, et eux aiment être avec nous. Ils ne sont pas très exigeants et ne réclament que notre présence et un peu de temps. En plus des moments que vous lui consacrerez, essayez de le faire participer à vos activités quotidiennes. Emmenez-le lorsque vous sortez ou allez faire des courses. Laissez-le vous aider quand vous ramassez les feuilles mortes dans le jardin, et vous regarder quand vous bricolez dans la maison.

*Les chiens sont des animaux sociables et ont besoin de compagnie. Ils ne peuvent pas s'épanouir seuls.*

# EN SAVOIR PLUS

## LIVRES

*Chiens hors du commun*, Dr Joël Dehasse, Jour

*Choisir et élever son chien avec du flair*, Valérie Andréani, Simon & Schuster MacMillan, Solar

*La compagnie des chiens*, Olivier Lagalisse, Le Cherche Midi

*Éduquer son chien*, Hachette Pratiques

*Le chien de défense*, André Mautrot, Solar

*Les chiens de compagnie*, Isabelle Collin, Artémis

*Les chiens*, Gino Pugnetti, Solar

*Les chiens en 1 000 photos*, Françoise Huart, Solar

*Le toilettage de votre chien : 101 questions*, Lise Dionne, Éd. Michel Quintin

*L'univers du chien*, Jean-François Courreau, Solar

*Le Web des animaux*, Michel Pepin, Éd. Logiques

*Nom d'un chien*, Michel Pepin, Éd. Michel Quintin

*Votre chien*, John Bower, Larousse

## SITES INTERNET

www.animalhebdo.com
Le magazine animal

www.santeanimale.ca
Site officel de la profession vétérinaire au Canada

www.cybertoutou.com
Site consacré au chien

www.animorama.com
Site des animaux

www.aniwa.com
Informations et outils pratiques

www.animostar.com
Le web des animaux

## À PROPOS DE L'ÉDITEUR

Fondées au Québec en 1982, les Éditions Michel Quintin occupent une place prépondérante dans la publication d'ouvrages de vulgarisation scientifique sur les animaux, la nature et l'environnement. Au fil des ans, des prix prestigieux, nationaux et étrangers, sont venus souligner le travail de l'éditeur et de son équipe de spécialistes.

# INDEX

# ÉDITIONS
# MICHEL
# QUINTIN

Titre original de cet ouvrage
*What your dog needs*

Traduction-adaptation
Frédéric Hitz

Réalisation
Bookmaker, Paris

Consultant
Isabelle Collin

Mise en pages
Jean-Claude Marguerite

© 2000, Dorling Kindersley Publishing, Inc. pour l'édition originale
© 2001, Éditions Solar, Paris, pour la version française
© 2001, Éditions Michel Quintin, pour l'édition française au Canada

Crédits photos : Paul Bricknell, Jane Burton, Dave King, Tracy Morgan,
Stephen Olivier, Tim Ridley, Jerry Young

ISBN : 2-89435-167-4
Dépôt légal : septembre 2001

Imprimé à Hong Kong

Éditions Michel Quintin
C.P. 340, Waterloo, Québec
Canada J0E 2N0
Tél. : (450) 539-3774
Téléc. : (450) 539-4905
Courriel : mquintin@sympatico.ca